I0839714

UnLULA: A Revolução Sabotada

Uma jornada chocante além das aparências, "UnLULA: A Revolução Sabotada" é a saga de um líder carismático que desafia o sistema para trazer esperança e justiça a um mundo corrompido. Através da legalização e inovação social, ele transforma uma nação, unindo comunidades e criando um modelo de governança inspirador. No entanto, em meio a uma luta implacável contra forças conservadoras e a corrupção, a tragédia e o revés revelam a fragilidade do progresso. Este é um conto provocativo de luta, resistência e o eterno conflito entre idealismo e poder.

Edição: 1ª
Data de Publicação: Jun 2024
Idioma: Português

UnLULA: A Revolução Sabotada

M.P.S. Casaca

Perfil do Autor

Eita, pessoal, se prepara que a história de arrepiar é essa "UnLULA: A Revolução Sabotada"! E quem é o gênio por trás dessa obra? M.P.S. Casaca, um cabra que sempre teve um pé no gueto e o outro na política. Desde moleque, se esgueirando pelos becos da favela, já articulava ideias e revoluções, com a mente fervendo mais que água na chaleira.

Agora, vamos deixar uma coisa clara: o Casaca não está aqui para agradar a todo mundo. Ele é só um escritor com uma veia sarcástica e uma queda por linguagem violenta e agressiva. Se alguém se ofender ou achar que viu algum conhecido nos personagens, bem, problema seu. Isso aqui é ficção, e qualquer semelhança com a realidade é mera coincidência (ou talvez não).

O desejo sincero do Casaca era escrever uma história de mais de mil páginas, mas, hey, a vida não é perfeita, né? Então, esse recorte é o que temos e, convenhamos, tá de bom tamanho. Esse cara tem um talento danado para misturar realidade com ficção, jogando sabedoria e crítica social no meio, deixando qualquer um de queixo caído.

Vamos aos feitos dele: além dessa belezura aqui, o Casaca é o criador da série "Crônicas da Evolução Cósmica", que já fez muita gente refletir sobre o universo e nossa existência. E tem mais! Ele foi um dos arquitetos do TALENTOSO, uma plataforma que ajuda a galera a descobrir e usar seu potencial no mundo digital. Ah, e também tem o Jardim Vertical IoT, um projeto que transforma os ambientes urbanos em oásis verdes com tecnologia de ponta.

Mas o que faz ele ser especial mesmo é a habilidade de contar histórias de uma forma que toca o coração da gente. Em "UnLULA: A Revolução Sabotada", ele não só nos conta uma história, ele nos dá uma experiência que mexe com a alma e a consciência. Ele fala das lutas e desafios da periferia, da corrupção que sufoca a esperança, e da eterna busca por justiça e igualdade.

O Casaca não só escreve um livro, ele cria uma jornada. Ele nos faz refletir sobre o mundo em que vivemos e sobre o que podemos fazer para mudá-lo. Com temas de resistência e transformação, ele mostra que a luta é constante e que cada um de nós tem um papel nessa revolução.

Então, pessoal, bora se acomodar e mergulhar nessa viagem que o Casaca nos propõe. Que o coração da gente pulse forte e a mente se abra para as verdades incômodas que ele traz à tona. Preparem-se para uma leitura que vai mexer com tudo o que você acredita e desafiar você a ser parte da mudança.

E, claro, divirtam-se. Porque, no fim das contas, é isso que importa: um bom entretenimento.

Prefácio

— Chega mais, galera, que eu vou contar uma história daquelas que mexem com a cabeça e fazem o coração acelerar. Hoje a gente vai falar de "UnLULA: A Revolução Sabotada", um livro que vai além de uma simples narrativa, trazendo lições importantes sobre poder, corrupção e a luta por justiça.

Primeiro, vamos deixar uma coisa bem clara: essa obra não é um comentário sobre administrações políticas brasileiras, passadas ou presentes. É um olhar audacioso para um futuro distante, uma distopia plausível e heurística. Então, se você está procurando paralelos diretos com a nossa política atual, bom, é melhor procurar em outro lugar. O autor, M.P.S. Casaca, já pede desculpas antecipadamente caso algum personagem fictício pareça com alguém real. Afinal, qualquer semelhança é pura coincidência (ou não).

Aqui, tudo é fantasia. Então, por favor, não leve nada a sério demais e definitivamente não use isso como um manual de política. É entretenimento, pessoal! Leia, divirta-se e, se quiser encontrar culpados, sugiro mergulhar na rica e fascinante história real da política brasileira. Afinal, quem precisa de ficção quando temos um cenário político tão, digamos, colorido?

Agora, sobre o título: "UnLULA". Não se trata de uma tentativa de reescrever a história de Lula ou de seus antecessores e sucessores. A ideia é deslulalizar — uma palavra emprestada do inglês para sugerir uma história original e futurística. Infelizmente, parece que a corrupção e a violência não têm data para acabar no Brasil, mesmo décadas após a era Lula.

M.P.S. Casaca é um mestre em transformar temas complexos em palavras que a gente entende e sente na pele. Ele pegou um cenário político tenso e cheio de reviravoltas e o transformou em uma história envolvente, que parece uma colcha de retalhos, juntando pedaços de esperança, traição e moralidade. Nessa história, acompanhamos a ascensão e queda de Mão Leve, um líder carismático que tentou transformar o país através de políticas revolucionárias. Mas essa não é uma simples história de sucesso; é uma reflexão sobre como o poder e a corrupção podem destruir até os sonhos mais nobres.

O livro mostra que a verdadeira força está na união das pessoas. Ninguém faz nada sozinho, e é na amizade e na luta coletiva que a gente encontra coragem para enfrentar as adversidades. Os personagens dessa história são reais, com problemas e sonhos que todos nós conhecemos bem.

O cenário político onde a história se desenrola é complexo e cheio de intrigas. A gente sente a tensão nos corredores do poder, a pressão das decisões e o impacto das traições. Mas também vê a esperança, a vontade de mudar e a luta incansável por um futuro melhor. É nesse contexto que a narrativa ganha vida, misturando o real e o dramático, o possível e o inevitável.

A narrativa é ágil, cheia de reviravoltas. Cada capítulo é um fragmento de uma história maior, cheia de altos e baixos. E, no fim, o que fica é a sensação de que, mesmo com todas as mudanças ao nosso redor, o que realmente importa são os princípios e a luta por justiça.

"UnLULA: A Revolução Sabotada" também aborda temas sérios, como a desigualdade, a corrupção e a luta pela sobrevivência. É uma história que faz a gente pensar no mundo e no futuro que estamos construindo. E, no meio de tanta incerteza, a esperança brilha forte, mostrando que, mesmo diante dos maiores desafios, podemos fazer a diferença.

Esse livro é um convite para uma reflexão profunda, onde cada um de vocês vai encontrar um pedacinho de si mesmo e da sua busca por justiça e igualdade. Então, acomode-se, abra a mente e deixe essa história iluminar sua visão sobre o mundo. Vamos nessa, que a revolução e os desafios nos aguardam!

E, claro, divirta-se. Porque, no fim das contas, é isso que importa: um bom entretenimento.

Com sinceridade audaciosa,

"M.P.S. Casaca"

Capítulo 1:
Das Ruas ao Palácio

O som dos tiros ecoava nas vielas estreitas da favela, enquanto Mão Leve, o temido chefe da facção, observava tudo do alto do morro. Seus olhos penetrantes varriam o território como os de um falcão, e sua mente funcionava a mil, sempre um passo à frente dos inimigos. Ele sabia que, para sair do ciclo de violência e miséria que prendia sua comunidade, precisava de um plano ousado. Não bastava ser o rei das ruas; ele queria ser o rei de algo maior.

— Parça, é o seguinte, o bagulho é pensar grande — Mão Leve dizia para Simba, seu braço direito. — A gente vai dominar essa parada, mas tem que ser na moral, sacou?

Simba, um sujeito magro com tatuagens cobrindo os braços, sempre estava ao lado de Mão Leve. Desde criança, carregava a dor de ter perdido o pai, assassinado pelo próprio tio, o que lhe rendeu o apelido de Simba entre os amigos. Era conhecido pela lealdade e destreza em situações de perigo.

— E aí, chefe, vamos tomar Brasília? — perguntou, com um sorriso maroto.

— Brasília, São Paulo, Rio... o mundo todo, mano. Mas a gente começa aqui, certo? Vamos ganhar o coração do povo com ações concretas. Vamos investir em escolas, hospitais e programas comunitários. Quando for a hora certa, a gente entra na política e domina tudo — respondeu Mão Leve, enquanto tragava seu charuto cubano.

Os desafios começaram logo no início. Convencer os membros da facção a investir em infraestrutura ao invés de armas e drogas foi um esforço hercúleo. Muitos viam a ideia como um desperdício de dinheiro e recursos, mas Mão Leve, com sua persuasão feroz, não deu margem para dúvidas.

— Escuta aqui, caralho! — ele rugiu em uma reunião com seus comparsas. — Vocês acham que a gente vai ficar pra sempre nesse buraco? Se a gente não mudar, vamos ser engolidos vivos. Quero ver todos vocês arregaçando as mangas e fazendo essa merda funcionar.

Começaram com pequenos investimentos na comunidade. O campo de futebol, que antes era só um terreno baldio cheio de entulho, agora tinha grama sintética e iluminação. As crianças jogavam bola até tarde, sem medo de tiroteios.

— Esse campinho aqui é pra molecada não ficar na rua, tá ligado? — explicava Simba para os moradores, distribuindo bolas de futebol e camisetas do time da favela. — Aqui é pra brincar, não pra correr da polícia.

As mães agradeciam emocionadas, e os pais começavam a ver Mão Leve com outros olhos. Ele já não era apenas o chefão do morro, mas um líder que se importava com o futuro da comunidade.

Mas não foi fácil. A resistência veio de todos os lados. Os políticos locais, ameaçados pela crescente popularidade de Mão Leve, começaram a mover peças contra ele. Tentaram intimidá-lo, mas Mão Leve não se deixava abater.

— Esses filhos da puta acham que podem me intimidar? — ele rosnava para Simba. — Vão aprender do jeito difícil que eu não sou de brincadeira.

Com o tempo, Mão Leve ampliou seus esforços. As escolas públicas, antes abandonadas e caindo aos pedaços, começaram a receber reformas e materiais novos. Professores eram pagos diretamente pela facção para garantir que ensinassem com dedicação. As clínicas de saúde, que mal tinham seringas, passaram a ter remédios e atendimento digno.

— O povo quer viver, mano — Mão Leve explicava para seus comparsas. — Dá pra eles o que o governo nunca deu: respeito e oportunidade. Assim, a gente ganha eles pra nossa causa.

O nome de Mão Leve começou a se espalhar como fogo em palha seca. Jornalistas, inicialmente céticos, começaram a escrever matérias sobre o "Robin Hood" da favela. Seus vídeos ajudando a comunidade viralizavam nas redes sociais, e ele ganhou o apelido de "O Cara do Povo".

Os vereadores locais começaram a notar a influência de Mão Leve. Alguns o viam como uma ameaça, mas outros enxergavam uma oportunidade. Aproximações sutis foram feitas, e logo, ele estava participando de jantares e eventos políticos, sempre com Simba ao seu lado.

— Mano, a política é igual o tráfico — ele confidenciava a Simba após uma dessas reuniões. — Tem que saber onde pisa, com quem fala, e como mexe as peças. Mas a diferença é que aqui, a gente pode fazer tudo na moral, sem olhar por cima do ombro.

Com alianças estratégicas, Mão Leve conseguiu apoio para suas iniciativas. Ele financiou campanhas políticas em troca de favores futuros, e logo, sua rede de contatos se estendia por toda a cidade. Ele sabia que precisava de mais do que só dinheiro; precisava de poder real, o tipo de poder que só a política podia oferecer.

A facção começou a investir em publicidade. Outdoors, panfletos, comerciais de TV e rádio — tudo mostrava Mão Leve como o salvador da comunidade. Ele se tornou um ícone, um símbolo de esperança para muitos.

— Vamos fazer um trato, doutor — ele dizia em reuniões com empresários e políticos. — Você nos ajuda, e nós garantimos que seus negócios vão prosperar.

As propinas fluíam livremente, sempre bem escondidas sob a fachada de doações e investimentos. Mão Leve sabia jogar o jogo, e jogava bem. Cada vez mais, ele se aproximava do centro do poder.

Finalmente, chegou o dia de lançar sua candidatura para vereador. A campanha foi uma festa de proporções épicas, com shows de rap, grafite ao vivo e discursos inflamados. Mão Leve falava com paixão sobre a necessidade de mudança, sobre um novo futuro onde a justiça social seria a prioridade.

— Chegou a hora, parça — disse ele a Simba, enquanto observavam a multidão ovacionar seu nome. — A gente vai mudar essa porra toda, e vamos fazer do nosso jeito.

E assim, Mão Leve entrou na política com o pé direito. Foi eleito com uma margem esmagadora de votos, graças ao apoio da comunidade e às estratégias astutas de sua campanha. Mas ele sabia que esse era apenas o começo. Seu objetivo final era muito maior: transformar não apenas sua cidade, mas todo o país, em um lugar onde a lei e a ordem fossem ditadas pelos verdadeiros líderes das ruas.

Simba estava ao seu lado no dia da posse, com um sorriso orgulhoso.

— Mano, você conseguiu. Agora é só continuar subindo.

— Subir é fácil, parça — respondeu Mão Leve, ajustando a gravata. — O difícil é ficar lá em cima sem esquecer de onde a gente veio. Mas eu tô pronto. Vamos fazer história.

A partir daquele momento, Mão Leve não era mais apenas um líder de facção. Ele era um político, um visionário, alguém que estava prestes a mudar o curso da história do seu país. E ele faria isso do único jeito que sabia: com carisma, estratégia e um toque de genialidade das ruas.

Capítulo 2:
Plantando a Semente
DAYTON PUBLIC SCHOOL

A primeira sessão na Assembleia Legislativa foi um espetáculo à parte. Mão Leve, agora vestindo um terno elegante, entrou com a confiança de quem já sabia que estava no controle. Os outros vereadores olhavam com uma mistura de curiosidade e desdém, mas ele sabia que, em breve, todos estariam ao seu lado.

— Hoje é só o começo, parça — Mão Leve murmurou para Simba, que o acompanhava como assessor. — Vamos mostrar pra esses caras o que é política de verdade.

Simba apenas sorriu. Sabia que seu chefe tinha um plano infalível. Além de leal, Simba era conhecido por seu humor sarcástico e jeito violento de lidar com as situações mais cabeludas. Com olhos que pareciam dois faróis iluminando a escuridão, ele era um sujeito magro, cheio de tatuagens que contavam histórias de batalhas e perdas. Desde criança, quando perdeu o pai de forma brutal, foi moldado pela dor e pela necessidade de sobrevivência. Isso o fez ser apelidado de Simba pelos amigos, uma referência à história trágica e heroica do famoso leão.

Na infância, Mão Leve e Simba cresceram juntos nas vielas estreitas e perigosas da favela. Mão Leve, conhecido então apenas como Léo, era um menino destemido. Simba, por outro lado, era tímido e quieto, alvo constante das provocações.

— Pobre orfãozinho Simba! — Léo ouvia as outras crianças em chacotas, rindo em coro. — Não tem mãe nem pai, só tem a gente pra cuidar de você! — diziam elas atirando pedras e ovos podres no garoto.

Simba suportava calado, mas a ira, a dor e o ressentimento cresciam como combustível dentro dele. O bullying era cruel, e Léo era o único que tinha empatia por ele. Simba admirava a coragem de Léo e as brigas que ele comprava contra as crianças mais velhas e cruéis, uma amizade improvável começou a se formar.

— Você deveria se orgulhar, afinal o leão do filme é o herói da história — dizia Léo com o olho roxo, sorrindo para Simba depois de afastar os meninos mais velhos que estavam humilhando seu futuro melhor amigo!

As palavras de Léo fizeram Simba ver o mundo por outro ângulo. Certa vez, durante uma briga com um grupo rival, Léo viu Simba enfrentar seus agressores com uma bravura inesperada.

— Você tem coragem, Simba — disse Léo, depois de ajudar a afastar os atacantes. — Talvez você não seja tão fraco quanto eu pensava.

A partir daquele dia, uma aliança foi formada. Eles começaram a trabalhar juntos para sobreviver na dura realidade da favela, protegendo-se mutuamente e aprendendo a confiar um no outro. Esse vínculo se fortaleceu com o tempo, apesar das sombras do passado.

A Assembleia estava lotada naquela tarde, Mão Leve fez seu primeiro discurso. Falou sobre as dificuldades enfrentadas pelas comunidades carentes, a necessidade de investir em educação, saúde e segurança. Prometeu lutar contra a corrupção e garantir que os recursos fossem distribuídos de maneira justa. Sua retórica era afiada, seu carisma inegável. Ao final, a plateia estava de pé, aplaudindo entusiasticamente.

— Tem que ser esperto, parça — ele explicava para Simba após uma dessas reuniões. — Cada voto que a gente ganha aqui é uma vitória lá fora. E a gente vai precisar de todas as vitórias que conseguir.

A resistência dos políticos tradicionais foi imediata. Eles viam Mão Leve como um intruso, alguém que ameaçava a ordem estabelecida.

Tentaram desacreditá-lo, lançando campanhas de difamação e investigando sua vida pregressa. Mas Mão Leve estava preparado.

— Deixa eles falarem — ele dizia a seus aliados. — A verdade é que o povo tá com a gente. E no fim, é isso que importa.

Simba assentiu, concordando. — A gente só precisa continuar no nosso caminho. Fazer o que prometemos.

O próximo passo era começar a implantar suas políticas. Com a popularidade em alta, Mão Leve conseguiu aprovar vários projetos de lei que beneficiavam diretamente as comunidades carentes. Melhorias na infraestrutura, aumento do financiamento para escolas e hospitais, programas de emprego e treinamento profissional. Ele sabia que cada conquista aumentava seu capital político.

— Olha só, chefe — disse Simba um dia, mostrando um jornal. — Eles tão falando bem da gente de novo. Parece que a mídia tá no nosso bolso também.

Mão Leve leu a matéria e sorriu. — Bom, se eles querem histórias positivas, a gente dá. Mas não esquece, mano, o que importa é o que a gente faz aqui dentro. Vamos continuar trabalhando.

Enquanto isso, a oposição começava a se organizar. Alguns políticos tradicionais viam Mão Leve como uma ameaça à ordem estabelecida. Eles tentaram desacreditá-lo, lançando campanhas de difamação e investigando sua vida pregressa. Mas Mão Leve estava preparado.

— Deixa eles falarem — ele dizia a seus aliados. — A verdade é que o povo tá com a gente. E no fim, é isso que importa.

Simba assentiu, concordando. — A gente só precisa continuar no nosso caminho. Fazer o que prometemos.

E assim, Mão Leve e sua equipe continuaram trabalhando incansavelmente. Cada dia era uma batalha, mas ele nunca desistia. Ele sabia que estava plantando as sementes para algo maior, algo que iria transformar não só sua cidade, mas todo o país.

Um dia, Mão Leve foi convidado para um debate televisivo. Seus adversários esperavam derrubá-lo ao vivo, expondo seu passado criminoso e questionando suas intenções. Mas ele estava preparado.

— Senhoras e senhores — começou ele, seu olhar fixo na câmera. — Eu sei que muitos de vocês têm dúvidas sobre mim. Sei que meu passado não é perfeito. Mas estou aqui hoje porque acredito em um futuro melhor para todos nós. Acredito que podemos mudar as coisas, se tivermos coragem de enfrentar nossos desafios de frente.

O debate foi acalorado, mas Mão Leve manteve a calma. Respondeu a todas as perguntas com clareza e confiança, desarmando seus adversários com argumentos sólidos e exemplos concretos de suas conquistas. Ao final, ficou claro que ele tinha vencido mais uma batalha.

Nos bastidores, Simba estava exultante. — Você arrebentou, chefe! Eles não sabiam o que fazer.

— Isso é só o começo, mano — respondeu Mão Leve, ainda com o sorriso confiante. — Temos muito trabalho pela frente.

Com o tempo, a influência de Mão Leve cresceu ainda mais. Ele começou a ser convidado para eventos importantes, conhecendo líderes empresariais, acadêmicos e outros políticos influentes. Ele sabia que precisava construir uma rede de contatos sólida se quisesse implementar suas ideias em uma escala maior.

— Temos que pensar grande, parça — ele dizia a Simba enquanto se preparavam para mais um evento de gala. — Cada pessoa que a gente conhece aqui é uma peça no nosso jogo.

Simba concordava, sempre ao lado do chefe. — Vamos dominar essa parada, chefe. Do jeito certo.

E assim, Mão Leve continuou sua ascensão, sempre mantendo os pés no chão e os olhos no horizonte. Ele sabia que o caminho seria longo e cheio de desafios, mas estava preparado para enfrentá-los. Cada passo que dava, cada vitória que conquistava, era um passo mais perto de seu objetivo final: transformar o país em um lugar onde a justiça e a igualdade reinassem.

— Não podemos esquecer de onde viemos, mano — ele dizia, refletindo sobre sua jornada. — Mas também não podemos deixar de sonhar com onde podemos chegar.

Simba sorriu, sabendo que estavam no caminho certo. — O futuro é nosso, chefe. E vamos fazer história.

Mão Leve e sua equipe continuaram a trabalhar incansavelmente, sempre com um olho nas necessidades do povo e outro nas oportunidades de crescimento. Eles sabiam que cada vitória, por menor que fosse, era um passo em direção a um futuro melhor.

No entanto, a estrada não foi fácil. Havia sempre desafios, adversários tentando derrubá-los, obstáculos a superar. Mas Mão Leve estava determinado a seguir em frente, não importando o que acontecesse.

Um dia, Mão Leve estava no escritório quando recebeu uma visita surpresa. Era um camarada das antigas, dos tempos de correria na rua, alguém que ele não via fazia muito tempo.

— Fala aí, truta — cumprimentou o visitante, dando um aperto de mão firme. — Tô ligado que você tá fazendo um trampo da hora aqui.

Mão Leve abriu um sorriso, feliz de rever o parceiro. — Valeu, mano. Tamo tentando mudar as parada, do nosso jeito.

O visitante balançou a cabeça, concordando. — Só vim dizer que tô orgulhoso de você. Nunca pensei que ia ver um dos nossos chegar tão longe.

— Isso é só o começo, parceiro — respondeu Mão Leve, com os olhos brilhando de determinação. — Ainda tem muito chão pela frente.

E assim, Mão Leve seguiu na sua caminhada, sempre focado no seu objetivo maior. Ele sabia que a mudança verdadeira leva tempo, mas estava disposto a dedicar sua vida a essa causa. Porque, no fim das contas, ele acreditava num futuro melhor para todos.

Todo dia, ele plantava mais sementes, sempre com a esperança de que um dia, elas iriam florescer numa sociedade mais justa e igualitária. E enquanto isso, ele continuava na luta, porque sabia que o futuro estava nas suas mãos. E ele estava decidido a fazer o melhor possível com essa chance.

Capítulo 3:
O Jogo Político

Mão Leve, agora um nome respeitado na política, sabia que o verdadeiro poder não estava apenas nos discursos, mas nas alianças e nos bastidores. Ele precisava consolidar sua influência e garantir que suas políticas fossem implementadas de maneira eficaz. A chave estava em construir uma rede sólida de apoio entre vereadores, deputados e senadores.

— Simba, hoje vamos encontrar uns caras importantes — disse Mão Leve enquanto ajeitava a gravata no espelho. — A gente precisa deles do nosso lado pra levar nossos planos adiante.

Simba, sempre ao lado do chefe, apenas assentiu. Ele sabia que essas reuniões eram cruciais. O dia começou com um encontro com um grupo de empresários influentes que tinham interesses em diversas áreas, desde a construção civil até a indústria farmacêutica.

— Senhores, agradeço por estarem aqui hoje — começou Mão Leve, com um sorriso confiante. — Vamos falar sobre como podemos trabalhar juntos para melhorar nossa cidade e, quem sabe, nosso país.

Os empresários, inicialmente céticos, começaram a ouvir com mais atenção quando Mão Leve explicou suas ideias de investimento em infraestrutura e programas sociais que beneficiariam tanto a comunidade quanto os negócios deles. Ele sabia jogar o jogo da política com maestria, oferecendo incentivos e mostrando como cada um poderia lucrar ao apoiar suas iniciativas.

— É simples, senhores. Vocês nos ajudam a construir escolas, hospitais e centros comunitários, e em troca, garantimos que seus negócios prosperem sem interferências — disse ele, olhando diretamente nos olhos dos presentes. — É uma parceria que beneficia a todos.

Ao final da reunião, os empresários estavam convencidos.

— Você tem minha palavra, Mão Leve. Vamos apoiar suas iniciativas — disse um dos líderes empresariais, apertando a mão do político.

— Obrigado, senhores. Estamos apenas começando — respondeu Mão Leve, com um sorriso. — Juntos, vamos transformar nossa cidade em um exemplo para o resto do país.

No entanto, consolidar sua posição na política exigia mais do que alianças com empresários. Mão Leve precisava garantir apoio entre os próprios políticos, muitos dos quais eram desconfiados de seu passado. Ele começou a organizar encontros informais com vereadores e deputados, discutindo suas visões e ouvindo suas preocupações.

Uma dessas reuniões foi com Vera Lúcia, uma veterana na política e defensora fervorosa dos direitos humanos. Embora relutante no início, ela ficou impressionada com a sinceridade de Mão Leve.

— Sei que tem um passado complicado, Mão Leve, mas suas ideias são boas. Quero ver resultados, não só promessas — disse Vera Lúcia, firme.

— E você verá, Vera. Estou aqui para trabalhar junto com você, para fazermos a diferença — respondeu Mão Leve, estendendo a mão.

Além de Vera, Mão Leve conseguiu o apoio de João Pedro, um jovem deputado com ambições de crescimento político, e Marta Reis, uma vereadora conhecida por sua luta pela educação.

— Estamos formando um time forte, Simba — disse Mão Leve após uma dessas reuniões. — Com essas alianças, podemos alcançar muito mais.

Com o apoio político consolidado, Mão Leve começou a trabalhar em seu próximo grande projeto: a legalização das drogas. Ele sabia que essa era uma questão controversa, mas também sabia que poderia trazer enormes benefícios econômicos e sociais se fosse feita corretamente.

— A gente precisa fazer isso direito, parça — disse ele a Simba enquanto revisavam os planos. — Legalizar as drogas vai trazer muito dinheiro, e a gente pode usar isso pra melhorar a vida do povo.

Simba assentiu, sabendo que o plano era ambicioso, mas possível.

— E como a gente convence o resto dos políticos?

— Simples, mano. A gente mostra pra eles os números — respondeu Mão Leve. — Mostramos como a legalização vai reduzir a violência, gerar empregos e aumentar a arrecadação de impostos. Com isso, a gente ganha o apoio deles.

A primeira batalha foi no plenário da Assembleia Legislativa. Mão Leve fez um discurso inflamado, explicando os benefícios da legalização das drogas. Ele apresentou dados e estudos que mostravam como a medida poderia transformar a sociedade, reduzindo a criminalidade e melhorando a economia.

— Senhores e senhoras, é hora de sermos corajosos — disse ele, olhando para seus colegas. — A legalização das drogas não é uma questão moral, é uma questão prática. Precisamos fazer o que é melhor para o nosso povo.

O debate foi acalorado, com muitos opositores tentando desacreditar a proposta. Mas Mão Leve estava preparado. Ele respondeu a todas as críticas com argumentos sólidos e evidências concretas. Aos poucos, começou a ganhar apoio.

— Eu entendo suas preocupações — disse ele a um dos críticos mais ferrenhos. — Mas a verdade é que a proibição só aumentou a violência e o tráfico. Legalizar é a solução que precisamos para trazer paz e prosperidade.

Depois de semanas de debates e negociações, a proposta foi finalmente votada. E, para surpresa de muitos, foi aprovada com uma margem significativa. Mão Leve tinha conseguido uma das maiores vitórias de sua carreira política.

— Conseguimos, mano! — exclamou Simba, eufórico. — Você fez história!

— Isso é só o começo, parça — respondeu Mão Leve, com um sorriso. — Agora vem a parte mais difícil: implementar isso de maneira eficaz.

Com a legalização das drogas, Mão Leve começou a trabalhar em um sistema de regulamentação e controle. Ele queria garantir que a nova política fosse bem-sucedida e trouxesse os benefícios prometidos.

— Precisamos de um sistema transparente e eficiente — disse ele a sua equipe. — Vamos criar agências para monitorar a produção, distribuição e venda das drogas. Tudo vai ser feito dentro da lei, com rigor e seriedade.

Os primeiros meses foram desafiadores, mas Mão Leve e sua equipe estavam determinados. Eles trabalharam incansavelmente para estabelecer a infraestrutura necessária e garantir que a nova política fosse implementada sem problemas.

— Não vai ser fácil, mas vamos conseguir — disse Mão Leve em uma reunião com seus assessores. — A gente sempre consegue.

E assim, a legalização das drogas começou a trazer os primeiros resultados positivos. A violência diminuiu significativamente, os empregos começaram a surgir e a arrecadação de impostos aumentou. Mão Leve se tornou um herói para muitos, e sua popularidade cresceu ainda mais.

— Olha só, chefe — disse Simba, mostrando uma manchete de jornal. — Eles tão dizendo que você é o novo salvador da pátria.

Mão Leve riu.

— Não sou salvador de nada, mano. Só tô fazendo o que precisa ser feito. E ainda temos muito trabalho pela frente.

A próxima etapa era expandir sua influência para além das fronteiras da cidade. Mão Leve começou a fazer alianças com líderes de outras regiões, compartilhando seu modelo de sucesso e incentivando-os a adotar políticas semelhantes.

— Temos que pensar grande, parça — disse ele a Simba enquanto preparavam uma viagem para uma conferência internacional. — O que estamos fazendo aqui pode mudar o mundo.

Simba concordava.

— Vamos mostrar pra eles como se faz, chefe.

E assim, Mão Leve começou a levar sua mensagem para outros lugares. Em cada cidade que visitava, ele falava sobre os benefícios da legalização das drogas e como isso poderia transformar a sociedade. Ele fazia alianças, selava acordos e ganhava cada vez mais apoio.

Um dia, ele recebeu uma ligação inesperada. Era um convite para falar na Assembleia Geral das Nações Unidas.

— Parece que nossa mensagem tá chegando longe, parça — disse ele a Simba, mostrando o convite. — Vamos pra ONU.

Na Assembleia Geral, Mão Leve fez um discurso poderoso. Falou sobre a necessidade de coragem para enfrentar problemas antigos com soluções novas. Explicou como a legalização das drogas tinha transformado sua cidade e como isso poderia ser replicado em escala global.

— Senhoras e senhores, estamos diante de uma oportunidade única — disse ele, com a voz firme. — Podemos transformar o mundo, se tivermos a coragem de mudar nossas políticas. Vamos fazer isso juntos.

A fala foi ovacionada de pé. Muitos líderes mundiais estavam certos de que Mão Leve tinha a chave para resolver um dos problemas mais complexos da humanidade. Aos poucos, outros lugares começaram a adotar suas ideias, inspirados pelo sucesso do modelo brasileiro.

— Você tá revolucionando o planeta, chefe — disse Simba, todo orgulhoso. — Quem diria que a gente ia chegar tão longe.

Mão Leve deu um sorriso, mas sabia que a jornada estava longe de terminar.

— Ainda tem muito chão pela frente, parceiro. Mas estamos no caminho certo.

Com o tempo, a influência de Mão Leve se espalhou pelo mundo. A legalização das drogas trouxe paz, prosperidade e uma nova era de colaboração global. Ele se tornou um símbolo de esperança e transformação, provando que até os mais desacreditados podem virar a maré da história.

Capítulo 4:
O Acordo Sujo

A notícia da transformação econômica e social no país de Mão Leve começou a atrair a atenção de líderes mundiais e, inevitavelmente, de interesses menos nobres. Com o aumento do poder e da visibilidade, surgiam também novos desafios e velhos inimigos disfarçados de aliados. Mão Leve sabia que, para manter e expandir sua influência, precisaria fazer concessões e alianças com pessoas que ele preferia evitar.

— Simba, tem um encontro hoje à noite com uns caras do exterior — disse Mão Leve, enquanto ajeitava a gravata. — Eles querem discutir investimentos, mas você sabe como é. Sempre tem mais coisa por trás.

Simba assentiu, ciente das implicações. — Fica tranquilo, chefe. A gente sabe como jogar esse jogo. Só precisamos ficar atentos.

A reunião foi marcada em um hotel luxuoso no centro da cidade, longe dos olhares curiosos. Mão Leve entrou na sala de conferências, onde o aguardavam representantes de grandes corporações e alguns políticos influentes de outros países. Eles tinham um objetivo claro: ganhar sua confiança e fazer parte do novo modelo econômico que ele estava criando.

— Senhor Leve — começou um dos empresários, um homem corpulento com um anel dourado brilhando em sua mão. — Primeiramente, quero parabenizá-lo pelo trabalho incrível que você tem feito. Sua visão é inspiradora.

Mão Leve manteve a expressão neutra. — Agradeço. Mas vamos ao que interessa. O que vocês têm em mente?

Os empresários começaram a detalhar suas propostas de investimentos em infraestrutura, tecnologia e saúde. Queriam aproveitar a nova era de legalização das drogas para expandir seus negócios e, em troca, ofereciam recursos e apoio político.

— Estamos dispostos a investir bilhões, senhor Leve. Com nosso apoio, você pode expandir ainda mais sua influência, não só aqui, mas globalmente — disse outro empresário, com um sorriso calculista.

Mão Leve sabia que não podia confiar cegamente nessas promessas. Ele tinha visto muitas vezes como o poder corrompe e como os interesses corporativos poderiam facilmente se sobrepor ao bem-estar do povo. Mas também sabia que precisava desses recursos para continuar seu trabalho.

— Entendo suas propostas — disse ele, após uma pausa pensativa. — Mas quero deixar uma coisa clara: nosso foco é o bem-estar da comunidade. Se quiserem fazer negócios conosco, terão que seguir nossas regras e garantir que os benefícios sejam distribuídos de maneira justa.

Os empresários trocaram olhares rápidos, surpresos pela firmeza de Mão Leve. — Claro, senhor Leve. Estamos aqui para colaborar e garantir que todos saiam ganhando.

A reunião prosseguiu com negociações detalhadas. Mão Leve conseguia arrancar concessões importantes, garantindo que os investimentos fossem usados para melhorar as condições de vida da população e não apenas para enriquecer os investidores.

— Chefe, você mandou bem — disse Simba mais tarde, enquanto deixavam o hotel. — Mas será que esses caras vão seguir as regras?

— Se não seguirem, a gente dá um jeito — respondeu Mão Leve, com um olhar decidido. — O importante é manter o controle e nunca esquecer por que estamos aqui.

Nos meses seguintes, os investimentos começaram a fluir. Novos projetos surgiram em toda a cidade: escolas, hospitais, centros comunitários. A infraestrutura melhorava rapidamente, e as oportunidades de emprego cresciam. A popularidade de Mão Leve disparava, e sua imagem de líder carismático e eficaz se consolidava.

Contudo, a chegada desses investimentos trouxe também problemas inesperados. Algumas das corporações começaram a ignorar as promessas feitas, explorando os recursos naturais e impondo condições de trabalho abusivas. A comunidade, antes beneficiada pelas iniciativas de Mão Leve, começou a sentir os impactos negativos.

— Chefe, o pessoal da construção tá reclamando — disse Simba, preocupado. — Estão sendo forçados a trabalhar horas extras sem pagamento adequado. E tem também o problema da poluição perto das novas fábricas.

Mão Leve sentiu um nó no estômago. Ele sabia que esses problemas poderiam minar toda a confiança que havia construído.

— Vamos resolver isso agora — respondeu ele, com determinação. — Chame uma reunião com esses investidores. Quero uma explicação.

Na reunião seguinte, os empresários tentaram justificar suas ações com desculpas vagas, mas Mão Leve não aceitou.

— Vocês prometeram que esses investimentos seriam para o bem da comunidade — disse ele, com a voz firme. — Se continuarem desse jeito, não haverá mais espaço para vocês aqui.

— Senhor Leve, precisamos de tempo para ajustar nossos processos — tentou argumentar um dos empresários.

— Vocês têm uma semana para corrigir isso — interrompeu Mão Leve. — Caso contrário, todas as suas operações serão interrompidas.

A postura inflexível de Mão Leve fez os empresários recuarem. Nos dias seguintes, as condições de trabalho melhoraram e as medidas de proteção ambiental foram implementadas. A comunidade, ao perceber a ação rápida de Mão Leve, voltou a apoiá-lo com fervor.

Paralelamente, Mão Leve teve que lidar com as repercussões em sua vida pessoal. Os inimigos que ele havia feito ao longo de sua carreira política começaram a usar essas alianças contra ele, lançando campanhas de difamação e espalhando rumores sobre sua integridade.

— Eles estão dizendo que você está envolvido em esquemas de corrupção com esses investidores — informou Simba, lendo um artigo de jornal. — Querem derrubar você de qualquer jeito.

— Vamos combater fogo com fogo, parça — respondeu Mão Leve. — Vamos expor os verdadeiros interesses por trás dessas acusações. E enquanto isso, continuamos trabalhando duro para provar que estamos do lado do povo.

Ele organizou uma coletiva de imprensa, onde detalhou todas as ações tomadas para corrigir os problemas causados pelos investimentos estrangeiros. Mostrou números, apresentou testemunhos da comunidade e revelou os esforços para manter a transparência.

— Estamos aqui para servir ao povo, não aos interesses corporativos — declarou Mão Leve, com convicção. — E não vamos permitir que ninguém nos afaste desse objetivo.

A resposta foi positiva. A comunidade, fortalecida pelo apoio de Mão Leve, começou a se mobilizar contra os detratores, demonstrando seu apoio nas ruas e nas redes sociais.

A tensão, no entanto, não diminuía. A constante necessidade de equilibrar os interesses corporativos e os da comunidade era exaustiva. Mão Leve percebeu que a política era um campo minado, onde um passo em falso poderia destruir tudo o que havia construído.

— A gente tá andando na corda bamba, Simba. Não dá pra vacilar — confidenciou ele, sentindo o peso da responsabilidade.

— A gente nunca vacilou, chefe. E não vai ser agora que vamos começar — respondeu Simba, com a lealdade de sempre.

Léo, que mais tarde se tornaria Mão Leve, teve uma infância difícil. Criado em uma favela, ele conheceu a violência desde cedo. Seu pai, envolvido no tráfico de drogas, foi morto em uma emboscada, deixando Léo e sua mãe à mercê do caos.

Sem escolhas, Léo foi adotado pelo tráfico ainda adolescente. Começou como olheiro, avisando os traficantes sobre a aproximação da polícia. Aos poucos, foi ganhando respeito e subindo na hierarquia. Sua inteligência e habilidade para negociar conflitos internos e externos o destacaram.

Apesar de estar envolvido em um mundo criminoso, Léo sempre teve um senso de justiça peculiar. Ele ajudava os moradores da comunidade, distribuía comida, organizava festas e até financiava pequenos negócios locais. Essas ações, embora motivadas por interesses próprios, plantaram as sementes de um líder comunitário.

Aos vinte e poucos anos, Léo já era conhecido como Mão Leve, o chefe da facção. Sob seu comando, a favela viu uma redução na violência e um aumento na organização. Ele criou códigos de conduta rígidos e punições severas para quem quebrasse as regras.

— A gente pode viver do crime, mas não somos bichos — dizia ele. — Respeito e justiça são fundamentais.

Esses princípios formaram a base de sua liderança e se transformaram nos pilares de sua carreira política anos depois. Quando decidiu sair do tráfico e entrar na política, usou a mesma determinação e carisma que o levaram ao topo do mundo do crime para conquistar votos e influenciar decisões.

E assim, Mão Leve seguiu navegando pelas águas turbulentas da política, sempre buscando equilibrar as alianças necessárias com a integridade que prometeu à sua comunidade. Ele sabia que o caminho para uma mudança verdadeira era cheio de armadilhas, mas estava disposto a enfrentar cada uma delas, mantendo sempre em mente o objetivo maior de transformar a sociedade para melhor.

Capítulo 5:
O Primeiro Passo

Com a legalização das drogas consolidada e os projetos sociais mostrando resultados, Mão Leve sabia que era hora de dar um passo mais ousado. Ele queria transformar a imagem do país internacionalmente, mostrando ao mundo que uma nação podia prosperar sem violência e corrupção.

— Simba, a gente já fez muito aqui, mas tá na hora de mostrar isso pro mundo — disse Mão Leve, enquanto revisavam a agenda dos próximos meses. — Vamos começar a participar de conferências internacionais e mostrar pra eles o que a gente tá fazendo.

Simba concordou, sabendo que essa era a chance perfeita para expandir a influência de Mão Leve.

— Certo, chefe. Vamos pra cima.

A primeira conferência foi marcada para a Europa, onde líderes de vários países se reuniriam para discutir políticas inovadoras de desenvolvimento social e econômico. Mão Leve estava preparado, levando consigo uma equipe de especialistas e materiais que destacavam os sucessos de sua administração.

— Senhoras e senhores — começou Mão Leve em seu discurso de abertura — eu venho de um país onde, por muito tempo, a violência e a corrupção dominaram nossas vidas. Mas nós decidimos mudar isso. Implementamos políticas de legalização das drogas, investimos em educação e saúde, e estamos colhendo os frutos de uma sociedade mais justa e próspera.

O público estava atento, alguns céticos, outros curiosos. Mão Leve continuou, detalhando os programas que havia implementado e os resultados alcançados. Ele mostrou gráficos, estatísticas e vídeos de depoimentos de pessoas cujas vidas tinham sido transformadas.

— Não estamos apenas falando de números — disse ele, emocionado. — Estamos falando de vidas. De famílias que agora têm esperança, de crianças que podem sonhar com um futuro melhor.

Após o discurso, muitos líderes se aproximaram para conversar. Queriam saber mais, entender os detalhes e, quem sabe, aplicar algumas dessas ideias em seus próprios países. Mão Leve sabia que esse era o começo de algo grande.

— Chefe, você arrasou — disse Simba, enquanto deixavam o evento. — Todo mundo quer saber mais sobre o nosso modelo.

— Isso é só o começo, parça — respondeu Mão Leve, sorrindo. — Vamos mostrar pra eles que é possível transformar o mundo.

De volta ao país, a repercussão internacional trouxe ainda mais apoio e investimentos. Mão Leve começou a planejar a próxima fase de seu projeto: a expansão de suas políticas para outras regiões e, eventualmente, para o mundo todo.

— Temos que ser estratégicos — disse ele a sua equipe. — Vamos escolher algumas cidades-piloto em outros países e implementar nossos programas lá. Se der certo, o resto do mundo vai seguir.

Simba estava animado.

— Isso vai ser revolucionário, chefe. O mundo inteiro olhando pra gente.

A primeira cidade escolhida foi uma metrópole na América Central, conhecida por seus altos índices de violência e pobreza. Mão Leve e sua equipe viajaram para lá, encontrando-se com líderes locais e apresentando suas propostas.

— Estamos aqui para ajudar — disse Mão Leve no encontro com o prefeito e outros líderes comunitários. — Vamos trabalhar juntos para transformar essa cidade. Podemos trazer paz e prosperidade, assim como fizemos em nosso país.

Os líderes locais estavam receptivos, mas também cautelosos. Eles sabiam que as mudanças não seriam fáceis e que enfrentariam resistência. Mas Mão Leve estava preparado.

— Vamos começar com pequenos passos — sugeriu ele. — Primeiro, legalizamos as drogas e estabelecemos um sistema de controle rigoroso. Em seguida, investimos em educação e saúde. Isso vai gerar empregos, reduzir a violência e melhorar a qualidade de vida.

O plano foi aceito, e o trabalho começou imediatamente. Nos meses seguintes, Mão Leve supervisionou a implementação das políticas, garantindo que tudo fosse feito de acordo com os padrões estabelecidos. Ele estava determinado a mostrar ao mundo que seu modelo podia funcionar em qualquer lugar.

— Chefe, tá dando certo — disse Simba, mostrando relatórios que indicavam uma queda significativa na violência e um aumento na arrecadação de impostos. — As pessoas estão começando a acreditar.

A cidade começou a prosperar, e a notícia se espalhou. Outros líderes mundiais começaram a convidar Mão Leve para discutir suas políticas e explorar possibilidades de implementação em suas próprias regiões.

— Temos que continuar crescendo, parça — disse ele a Simba enquanto se preparavam para uma nova rodada de viagens internacionais. — O futuro é nosso, e vamos fazer história.

Cada nova conferência, cada novo encontro, solidificava a posição de Mão Leve como um visionário e líder global. Ele sabia que a chave para o sucesso estava na colaboração e no compartilhamento de conhecimentos. E, acima de tudo, ele sabia que nunca poderia esquecer suas raízes.

— Não importa o quão longe a gente vá, mano — disse ele a Simba durante um voo de volta para casa. — Sempre temos que lembrar de onde viemos e por que estamos fazendo isso.

Simba assentiu, concordando.

— Você tá certo, chefe. É isso que nos mantém no caminho certo.

De volta ao país, Mão Leve continuou a expandir suas políticas e a consolidar seu poder. Ele sabia que cada passo dado era crucial para garantir um futuro melhor para todos. E estava determinado a seguir em frente, enfrentando qualquer obstáculo que surgisse.

Enquanto os projetos de Mão Leve avançavam, os empresários e os políticos da oposição começaram a pressionar. Queriam uma fatia maior dos lucros gerados pelas novas políticas. Demandavam propinas e superfaturamento das obras, ameaçando dificultar a implementação dos projetos caso suas exigências não fossem atendidas.

— Chefe, esses caras estão forçando a barra — disse Simba, preocupado. — Eles querem dinheiro fácil e poder.

— A gente não pode deixar isso passar, Simba. Se ceder, todo o nosso trabalho vai por água abaixo — respondeu Mão Leve, decidido.

Mão Leve decidiu agir. Enviou Simba e um grupo armado de antigos aliados do tráfico para confrontar os empresários e políticos corruptos. Era hora de mostrar que eles não seriam intimidados.

— Vocês querem jogar sujo? Então vamos ver quem joga melhor — disse Mão Leve a Simba, entregando-lhe um plano detalhado de ação. — Faça o que for necessário, mas garanta que eles cumpram o combinado. Custe o que custar.

Simba reuniu seu grupo e partiu para confrontar os inimigos. Chegaram à mansão de um dos empresários, armados e determinados.

— Isso aqui acaba agora — disse Simba, com um olhar frio. — Vocês vão cumprir o acordo, ou vão enfrentar as consequências.

Os empresários, pegos de surpresa, tentaram argumentar, mas Simba não estava ali para negociar.

— Vocês acham que podem ameaçar e extorquir a gente? Acham mesmo que vão sair ilesos? — Simba puxou uma arma e apontou para o líder do grupo. — Isso aqui é pelo futuro da nossa cidade.

A próxima bala é pra você, se não cumprir o combinado.

Sob a mira das armas, os empresários e políticos corruptos cederam. Prometeram cumprir os acordos sem mais exigências e garantiram que os investimentos continuariam sem interferências.

— Isso foi só um aviso — disse Simba, enquanto guardava a arma. — Se tentarem algo de novo, não haverá uma segunda chance.

De volta ao gabinete, Simba relatou o sucesso da missão a Mão Leve.

— Eles entenderam o recado, chefe. Vão seguir as regras agora.

— Bom trabalho, Simba. Às vezes, precisamos ser duros para garantir que a justiça prevaleça — respondeu Mão Leve, com um misto de alívio e preocupação. — Mas temos que encontrar uma maneira de evitar esses confrontos no futuro. Não podemos sempre resolver as coisas na base da força.

Simba concordou, sabendo que os desafios seriam constantes, mas confiando na liderança e na visão de Mão Leve.

Capítulo 6:
A Ascensão

Com a consolidação de suas políticas sociais e econômicas, Mão Leve se viu pronto para dar o próximo passo em sua carreira política. Agora, como Governador recém-eleito, ele estava determinado a transformar não apenas sua cidade, mas todo o estado. Sabia que precisava de estratégias novas e corajosas para ganhar o apoio necessário e garantir a vitória.

Mão Leve tinha uma visão de política que ia além das fronteiras nacionais. Ele acreditava que a verdadeira prosperidade só poderia ser alcançada através da paz e da cooperação internacional. Com isso em mente, desenvolveu um programa de diplomacia ativa, mediando conflitos e promovendo a paz através do diálogo.

— Nós precisamos ser exemplos de que é possível resolver disputas sem recorrer à violência — disse Mão Leve em uma reunião com seus assessores. — Vamos mostrar ao mundo que a diplomacia é a melhor arma para a paz.

Como mediador global, Mão Leve começou a intervir em conflitos internacionais, usando suas habilidades de negociação para resolver disputas. Sua abordagem pacífica começou a ganhar reconhecimento mundial, e ele se tornou um símbolo de esperança para muitos países em guerra.

Em seu estado, Mão Leve focou em garantir a segurança alimentar através de projetos de agricultura sustentável. Usando tecnologia de ponta, ele implementou fazendas verticais e sistemas de aquaponia, revolucionando a produção de alimentos.

— Precisamos garantir que ninguém passe fome — declarou Mão Leve durante o lançamento de um novo projeto agrícola. — Com a tecnologia certa, podemos produzir alimentos suficientes para todos.

As fazendas verticais e os sistemas de aquaponia não só aumentaram a produção de alimentos, mas também criaram empregos e revitalizaram áreas urbanas degradadas. A população começou a ver os benefícios dessas inovações, e o apoio a Mão Leve crescia a cada dia.

Outro pilar importante da campanha de Mão Leve era a criação de um sistema de saúde universal. Ele introduziu tecnologias avançadas de telemedicina e firmou parcerias público-privadas para garantir que todos tivessem acesso a cuidados de saúde de qualidade.

— A saúde é um direito de todos, não um privilégio de poucos — disse ele em um comício. — Vamos usar a tecnologia para levar médicos e cuidados aonde for necessário.

Os programas de prevenção à violência e reintegração social também foram fundamentais. Mão Leve sabia que, para reduzir a criminalidade, precisava atacar as causas raiz. Ele implementou programas de educação e emprego para jovens em situação de risco, além de oferecer suporte psicológico e treinamento profissional para ex-detentos.

— A melhor maneira de combater a violência é dar oportunidades — afirmava ele. — Vamos transformar vidas com educação e trabalho.

Mão Leve também tinha grandes planos para a infraestrutura do estado. Ele acreditava que cidades inteligentes e sustentáveis eram essenciais para o futuro. Assim, começou a investir em transporte público eficiente, habitação acessível e energia renovável.

— Queremos cidades onde as pessoas possam viver com dignidade e qualidade de vida — dizia ele. — Vamos construir um futuro sustentável para todos.

Os projetos de infraestrutura não só melhoraram a qualidade de vida, mas também atraíram investimentos e impulsionaram a economia local. Cidades que antes eram negligenciadas começaram a se transformar em centros de inovação e progresso.

Sempre à frente do seu tempo, Mão Leve também investiu em projetos futuristas, como a mineração espacial. Ele firmou parcerias com empresas de tecnologia para explorar recursos extraterrestres, que poderiam ser usados para financiar programas sociais e tecnológicos na Terra.

— O futuro está nas estrelas — disse ele em um discurso. — Vamos usar os recursos do espaço para melhorar a vida aqui na Terra.

Esses projetos de pesquisa e desenvolvimento não só colocaram o estado na vanguarda da tecnologia, mas também criaram milhares de empregos e oportunidades educacionais para a população.

Mão Leve sempre teve uma forte consciência ambiental. Ele sabia que a proteção do meio ambiente era crucial para o futuro. Implementou iniciativas de conservação, programas de energia renovável e sistemas avançados de previsão e resposta a catástrofes naturais.

— Precisamos proteger nosso planeta e garantir que ele esteja seguro para as futuras gerações — dizia ele. — Vamos agir agora, antes que seja tarde demais.

Com esses programas, o estado se tornou um exemplo de sustentabilidade e resiliência, inspirando outras regiões a seguir o mesmo caminho.

No entanto, com o poder e a responsabilidade vieram também conflitos internos e dilemas morais. Mão Leve começou a questionar algumas de suas decisões, principalmente quando confrontado com a realidade de que nem todos os seus aliados estavam comprometidos com os mesmos princípios.

Uma noite, enquanto revisava documentos em seu escritório, Mão Leve recebeu uma visita inesperada de Vera Lúcia, uma política veterana e aliada importante. Ela trouxe notícias perturbadoras sobre corrupção envolvendo alguns dos principais apoiadores de Mão Leve.

— Mão Leve, precisamos conversar — começou Vera, com um tom sério. — Descobri que alguns dos nossos estão desviando fundos dos projetos de infraestrutura.

Mão Leve sentiu um frio na espinha. Ele sabia que precisava agir rapidamente para evitar que isso prejudicasse toda a sua administração.

— Isso é inaceitável, Vera. Precisamos investigar e punir os responsáveis — respondeu ele, determinado.

— Mas há um problema. Esses indivíduos têm muita influência e poder. Se agirmos sem cautela, podemos perder apoio crucial — alertou Vera.

Esse dilema moral pesava sobre Mão Leve. Ele precisava escolher entre manter a integridade de seus projetos e arriscar perder aliados poderosos, ou ignorar as irregularidades para garantir a continuidade de suas políticas.

— Vou pensar sobre isso, Vera. Mas uma coisa é certa: não vou tolerar corrupção. Precisamos encontrar uma maneira de resolver isso sem comprometer nossos princípios — concluiu Mão Leve, sentindo o peso da responsabilidade.

Outra situação delicada surgiu quando um grupo de empresários, que havia apoiado Mão Leve desde o início, começou a pressioná-lo para flexibilizar as regulamentações ambientais em troca de investimentos adicionais. Eles argumentavam que a flexibilização permitiria um crescimento econômico mais rápido e traria mais empregos.

— Mão Leve, precisamos de sua ajuda. Essas regulamentações estão nos impedindo de investir mais no estado — disse um dos empresários em uma reunião.

— Entendo suas preocupações, mas não posso sacrificar o meio ambiente por crescimento econômico a curto prazo. Precisamos encontrar um equilíbrio — respondeu Mão Leve, tentando mediar a situação.

Os empresários, no entanto, não estavam dispostos a ceder facilmente, e a pressão sobre Mão Leve aumentava. Ele sabia que ceder comprometeria seus valores e sua visão de um desenvolvimento sustentável.

— Vou lutar por um futuro em que não precisemos escolher entre desenvolvimento econômico e proteção ambiental. Vamos encontrar uma solução que beneficie a todos — afirmou ele, com firmeza.

Além dos dilemas políticos, Mão Leve enfrentava desafios pessoais e emocionais. Sua jornada para o poder havia cobrado um preço alto em sua vida pessoal. As longas horas de trabalho e a constante pressão começaram a afetar seu relacionamento com sua família.

— Papai, você nunca está em casa — disse sua filha pequena, com os olhos cheios de lágrimas.

Mão Leve sentiu um aperto no coração. Ele sabia que estava sacrificando momentos preciosos com sua família para seguir sua missão.

— Eu sei, minha querida. Prometo que vou tentar estar mais presente — disse ele, abraçando sua filha.

Esses momentos de vulnerabilidade lembravam Mão Leve do que realmente importava. Ele estava determinado a encontrar um equilíbrio entre sua vida pessoal e suas responsabilidades como líder.

Enquanto os desafios se acumulavam, Mão Leve continuava a expandir sua influência. Ele se tornou uma figura respeitada globalmente, participando de conferências internacionais e compartilhando suas ideias inovadoras. Apesar dos conflitos internos e dilemas morais, ele permaneceu fiel aos seus princípios, sempre buscando um futuro melhor para todos.

Capítulo 7:
O Impacto Global

A influência de Mão Leve crescia a cada dia, e suas políticas inovadoras começaram a ter um impacto global. Sua abordagem arrojada e determinada de promover a paz, a justiça social e a sustentabilidade ganhava adeptos em diversos países. No entanto, com o crescimento de sua influência, surgiam também desafios internos e externos que colocariam à prova sua liderança e suas alianças.

Uma das áreas mais revolucionadas pelas políticas de Mão Leve foi a agricultura. Ele investiu pesadamente em laboratórios de inovação e startups focadas em tecnologia agrícola. Drones para monitoramento de plantações, biotecnologia para melhorar a produtividade e sistemas de irrigação inteligentes transformaram a forma como os alimentos eram produzidos.

— Precisamos garantir que a nossa produção de alimentos seja eficiente e sustentável — disse Mão Leve em uma conferência sobre inovação agrícola. — A tecnologia é a chave para alimentar o mundo sem destruir nosso planeta.

Os resultados foram impressionantes. A produtividade agrícola aumentou significativamente, e os métodos sustentáveis reduziram o impacto ambiental. Países ao redor do mundo começaram a adotar essas tecnologias, seguindo o exemplo de Mão Leve.

Sempre à frente de seu tempo, Mão Leve também iniciou projetos ambiciosos de mineração espacial. Parcerias com empresas de tecnologia espacial permitiram a extração de recursos valiosos de asteroides e da lua. Esses recursos foram usados para financiar programas sociais e tecnológicos na Terra, criando um ciclo virtuoso de progresso e inovação.

— O futuro da humanidade está nas estrelas — afirmou ele. — Vamos usar os recursos do espaço para melhorar a vida de todos aqui na Terra.

Esses projetos não só colocaram seu estado na vanguarda da exploração espacial, mas também abriram novas fronteiras para a ciência e a economia global.

A energia era outro campo em que Mão Leve estava determinado a fazer a diferença. Ele implementou usinas solares, eólicas e geotérmicas em regiões estratégicas, reduzindo a dependência de combustíveis fósseis e criando milhares de empregos.

— A transição para energias limpas não é apenas uma necessidade ambiental, mas uma oportunidade econômica — declarou Mão Leve durante a inauguração de uma usina geotérmica.

Essas iniciativas impulsionaram a economia, melhoraram a qualidade do ar e colocaram seu estado como um líder mundial em energia renovável.

Apesar dos sucessos, nem tudo era perfeito. O método que Simba utilizava para garantir o cumprimento das ordens de Mão Leve começou a gerar tensão entre os dois amigos. Mão Leve sabia que qualquer atitude negativa poderia prejudicar sua carreira política.

— Simba, precisamos falar sobre a forma como você está lidando com os problemas — disse Mão Leve, preocupado. — Não podemos usar violência. Isso vai contra tudo o que estamos tentando construir.

Simba, sempre leal, mas também ferozmente protetor, respondeu com franqueza.

— Chefe, esses caras não respeitam palavras. Eles só entendem a força. Eu faço o que é necessário para garantir que nosso trabalho continue.

Mão Leve suspirou, sentindo o peso da responsabilidade em seus ombros.

— Eu entendo, Simba, mas precisamos encontrar outra maneira. A violência só vai nos trazer mais problemas.

A tensão entre os dois aumentava, e essa divergência de opiniões começou a afetar a dinâmica da equipe.

A situação atingiu um ponto crítico durante uma visita a Londres. Após um jantar em um restaurante elegante, Mão Leve foi alvo de uma tentativa de assassinato. Atiradores emboscaram seu carro, e ele só sobreviveu graças à intervenção rápida e violenta de Simba.

— Fica abaixado, chefe! — gritou Simba, enquanto sacava uma arma e revidava os tiros.

Simba, com destreza e precisão, neutralizou os agressores, salvando a vida de Mão Leve. O incidente serviu como um lembrete brutal dos perigos que enfrentavam.

— Eu te disse que precisamos estar preparados para tudo — disse Simba, enquanto ajudava Mão Leve a sair do carro.

Mão Leve, ainda abalado, percebeu que, apesar das diferenças, precisava da lealdade e das habilidades de Simba mais do que nunca.

— Você tem razão, Simba. Obrigado por me salvar. Mas precisamos encontrar uma maneira de fazer isso sem recorrer à violência.

Enquanto enfrentava desafios internos, Mão Leve também lidava com dificuldades na implementação de suas políticas em outros países. Em uma cidade da África Ocidental, o projeto de agricultura sustentável encontrou resistência de agricultores locais que desconfiavam das novas tecnologias e métodos impostos por estrangeiros.

— Vocês querem mudar nossas tradições e impor suas ideias! — protestou um líder comunitário durante uma reunião. — Não somos cobaias para suas experiências.

Mão Leve tentou mediar a situação, explicando os benefícios das novas tecnologias, mas a resistência cultural era forte. O projeto enfrentou atrasos e precisou ser adaptado para respeitar as tradições locais, o que diminuiu sua eficácia inicial.

Na Ásia, um projeto de energia renovável encontrou desafios logísticos. A construção de uma usina solar em uma região montanhosa foi interrompida por problemas de infraestrutura e oposição de grupos locais preocupados com o impacto ambiental.

— Precisamos garantir que esses projetos respeitem o meio ambiente e as comunidades locais — afirmou um ativista ambiental em um protesto. — Não podemos sacrificar nossas terras por promessas de progresso.

Esses fracassos ensinaram a Mão Leve lições valiosas sobre a importância de adaptar suas políticas às realidades locais e envolver as comunidades no processo de tomada de decisão.

Apesar dos desafios, Mão Leve continuou a expandir suas iniciativas globais. Ele se tornou um mediador respeitado em conflitos internacionais, promovendo a paz através do diálogo e da diplomacia ativa.

— O mundo precisa de menos guerras e mais cooperação — afirmou em um discurso na ONU. — Juntos, podemos resolver nossas diferenças sem violência.

Seus projetos de agricultura sustentável, mineração espacial e energias renováveis continuavam a transformar economias e inspirar líderes ao redor do mundo.

— Estamos construindo um futuro onde todos têm uma chance justa — dizia ele frequentemente.

Esses investimentos não só melhoraram a qualidade de vida, mas também atraíram investimentos e impulsionaram a economia local.

Com cada nova iniciativa e cada desafio superado, Mão Leve se tornava mais do que um político; ele se tornava um símbolo de esperança e mudança global. Sua jornada mostrava que, com visão e coragem, era possível transformar o mundo.

Simba, apesar das tensões e dos métodos controversos, continuava ao seu lado, protegendo-o e garantindo que suas visões se tornassem realidade. Juntos, enfrentavam as adversidades e construíam um legado que inspiraria gerações futuras.

A história de Mão Leve era uma prova de que a verdadeira mudança exige coragem, inovação e, acima de tudo, a vontade de lutar por um futuro melhor.

Capítulo 8:
Confrontos e
Conquistas

O impacto das políticas de Mão Leve continuava a se expandir globalmente, mas ele sabia que novos desafios surgiriam com sua crescente influência. Agora, como candidato à presidência da República, ele se preparava para a batalha política mais importante de sua vida.

A campanha presidencial de Mão Leve começou com entusiasmo e apoio popular. Ele prometia levar suas políticas inovadoras para todo o país, transformando o Brasil em um modelo de prosperidade e justiça social. Mas a oposição estava determinada a detê-lo a qualquer custo.

— Simba, precisamos estar mais vigilantes do que nunca. A oposição vai usar todas as artimanhas para nos derrubar — disse Mão Leve, ajustando seu discurso antes de uma grande manifestação.

— Tô ligado, chefe. Vamos enfrentar esses caras de frente — respondeu Simba, com um olhar determinado.

As ruas estavam lotadas de apoiadores. Mão Leve subiu ao palco, seu carisma e determinação irradiando enquanto falava sobre um futuro de paz, prosperidade e justiça. No entanto, ele sabia que os opositores estavam tramando algo.

Nos bastidores, a oposição armava um complô para desacreditar Mão Leve. Documentos falsos foram plantados, sugerindo que ele estava envolvido em escândalos de corrupção. A mídia, controlada por interesses conservadores, amplificava essas acusações.

— Precisamos desmascarar essas mentiras antes que ganhem força — disse Mão Leve a sua equipe. — Nossa integridade é nossa maior arma.

Simba, sempre na linha de frente, usou sua rede de contatos das antigas para descobrir quem estava por trás das falsificações. Com provas em mãos, Mão Leve expôs a verdade em um debate televisionado, virando o jogo a seu favor.

Em meio à turbulência política, Mão Leve e Simba decidiram revisitar suas raízes. Voltaram à comunidade onde cresceram, um lugar marcado pela violência e pobreza. Ao caminhar pelas ruas onde outrora lutaram para sobreviver, eles refletiram sobre suas jornadas.

— Lembra de quando a gente corria por essas vielas, Simba? — disse Mão Leve, com um sorriso melancólico. — Nunca imaginei que chegaríamos tão longe.

— E olha onde estamos agora, chefe. Lutamos para mudar isso aqui e conseguimos. Mas ainda temos muito o que fazer — respondeu Simba.

Essa visita renovou suas forças e determinou ainda mais a lutar pela transformação do país. Eles prometeram à comunidade que continuariam a lutar por um futuro melhor para todos.

Enquanto a campanha seguia fervorosamente, uma catástrofe ambiental abalou o país. Uma barragem negligenciada pela gestão anterior rompeu, destruindo duas cidades e contaminando rios com lama tóxica. A tragédia deixou milhares de desabrigados e uma devastação ambiental sem precedentes.

Mão Leve foi imediatamente ao local da tragédia, acompanhado de Simba. A cena era desoladora: casas destruídas, famílias desamparadas e rios poluídos.

— Isso é inaceitável. Essas vidas foram destruídas pela negligência e corrupção. Precisamos agir rápido — disse Mão Leve, com os olhos cheios de lágrimas.

Simba, apesar de sua postura firme, também estava visivelmente abalado. — Chefe, precisamos fazer algo agora. Essas pessoas dependem de nós.

Mão Leve mobilizou rapidamente recursos para ajudar as vítimas. Usou sua rede de contatos internacionais para obter ajuda humanitária e tecnologias avançadas de recuperação ambiental. Centros de abrigo foram estabelecidos, e uma força-tarefa foi criada para limpar os rios e reconstruir as cidades.

— Vamos reconstruir não apenas essas cidades, mas também a confiança das pessoas em nosso governo — disse Mão Leve em um pronunciamento à nação.

Sua resposta rápida e eficaz à tragédia aumentou ainda mais sua popularidade. Ele demonstrou que sua liderança não se limitava a promessas, mas a ações concretas e compaixão genuína.

Durante a recuperação, Simba e Mão Leve enfrentaram novos confrontos com a oposição. Grupos infiltrados tentaram semear o caos nas manifestações, mas a unidade e a determinação do povo prevaleceram. Mão Leve sabia que a batalha não era apenas política, mas também pela alma do país.

— Eles querem nos dividir, Simba. Mas vamos mostrar que somos mais fortes juntos — disse Mão Leve, enquanto se preparava para outro discurso.

— Tamo junto, chefe. Vamos fazer isso acontecer — respondeu Simba, com firmeza.

A catástrofe e a resposta de Mão Leve uniram o país de uma maneira sem precedentes. Pessoas de todas as classes sociais se mobilizaram para ajudar na reconstrução, e a solidariedade nacional tornou-se um símbolo de esperança.

À medida que a eleição se aproximava, Mão Leve e Simba refletiram sobre sua jornada. A campanha havia sido marcada por desafios imensos, mas também por conquistas significativas. Eles sabiam que, independentemente do resultado, haviam plantado sementes de mudança que floresceriam por gerações.

— Simba, não importa o que aconteça, nossa luta não termina aqui. Estamos construindo algo muito maior do que nós mesmos — disse Mão Leve, olhando para o horizonte.

— Verdade, chefe. E vamos continuar lutando, não importa o que aconteça — respondeu Simba, com convicção.

Com a eleição chegando ao fim e uma vitória esmagadora à vista, o país estava pronto para seguir rumo a ordem e progresso contínuos. Mão Leve, com seu espírito indomável e sua visão de justiça, estava preparado para liderar o Brasil em uma nova era. E ao seu lado, Simba, seu amigo e protetor, pronto para enfrentar qualquer desafio que viesse.

Durante esse período tumultuado, a relação entre Mão Leve e Simba foi testada de maneiras inéditas. A pressão constante, os perigos iminentes e as decisões difíceis trouxeram à tona sentimentos complexos e dilemas pessoais.

Uma noite, após um longo dia de campanha, Mão Leve e Simba se encontraram em uma sala privada para desabafar. A tensão era palpável.

— Simba, às vezes sinto que estamos perdendo a essência do que nos trouxe até aqui. Toda essa violência, essas batalhas constantes... Não sei se estou fazendo a coisa certa — disse Mão Leve, visivelmente exausto.

Simba, sempre o protetor, olhou diretamente nos olhos do amigo. — Chefe, eu entendo sua preocupação. Mas lembre-se de que estamos lutando por um futuro melhor. Às vezes, precisamos enfrentar a escuridão para trazer a luz.

— Eu sei, Simba. Mas não quero que sejamos lembrados apenas pela força. Quero que sejamos lembrados pela mudança que trouxemos, pela esperança que demos às pessoas — respondeu Mão Leve, com lágrimas nos olhos.

Simba aproximou-se e colocou a mão no ombro de Mão Leve. — Estamos juntos nessa, chefe. E vamos encontrar uma maneira de fazer isso sem perder quem somos.

— Lembra quando começamos tudo isso? Nunca imaginei que chegaríamos tão longe — disse Mão Leve, com um sorriso melancólico.

— Eu também não, chefe. Passamos por muita coisa juntos. E, apesar de tudo, continuamos aqui, lutando — respondeu Simba.

— Às vezes me pergunto se poderíamos ter feito as coisas de maneira diferente. Se poderíamos ter evitado tanta dor e sofrimento — disse Mão Leve, pensativo.

Simba, sempre o realista, respondeu com firmeza. — Chefe, fizemos o que precisávamos para sobreviver e proteger aqueles que amamos. Não podemos mudar o passado, mas podemos aprender com ele e fazer melhor no futuro.

Essas conversas introspectivas ajudaram Mão Leve a encontrar paz com seu passado e a reforçar seu compromisso com um futuro de justiça e esperança.

À medida que a eleição se aproximava, a tensão aumentava, mas também a determinação de Mão Leve e Simba. Eles sabiam que estavam prestes a alcançar algo monumental.

No dia da eleição, as urnas mostraram uma vitória esmagadora para Mão Leve. O país celebrou, e a esperança de um novo futuro encheu os corações dos brasileiros.

— Conseguimos, Simba. Conseguimos! — exclamou Mão Leve, com lágrimas de alegria nos olhos.

— Isso é só o começo, chefe. Vamos continuar trabalhando para tornar nossos sonhos realidade — respondeu Simba, com um sorriso de satisfação.

Com a vitória, Mão Leve estava pronto para liderar o Brasil em uma nova era de paz, justiça e prosperidade. Ele sabia que o caminho seria árduo, mas estava determinado a enfrentar cada desafio com coragem e integridade. E ao seu lado, Simba, sempre leal e protetor, pronto para enfrentar qualquer adversidade que surgisse.

Capítulo 9:

Consolidando o Poder

Com a vitória nas eleições presidenciais, Mão Leve sentia o peso do poder sobre seus ombros. O entusiasmo e a euforia inicial logo deram lugar à realidade dura e implacável da política em alto nível. Ele sabia que estava entrando em um campo minado, onde cada passo em falso poderia ser fatal.

A Presidência trouxe um novo nível de pressão para Mão Leve. Ele enfrentava constantes ameaças, tanto de inimigos políticos quanto de antigos aliados descontentes. A paranoia começou a se infiltrar em seus pensamentos, tornando-se cada vez mais difícil distinguir amigos de inimigos.

— Mano, esses filhos da puta tão em todo lugar — disse Mão Leve, olhando pela janela de seu gabinete. — Não dá pra confiar em ninguém.

— Relaxa, chefe. Se alguém vier com gracinha, a gente resolve do nosso jeito — respondeu Simba, com um sorriso sarcástico. — Deixa comigo que eu desfaço o nó.

O governo enfrentava ataques constantes, com denúncias falsas, tentativas de sabotagem e campanhas de difamação. Mão Leve sabia que precisava consolidar seu poder rapidamente para evitar ser engolido pelo sistema.

Mão Leve implementou estratégias para fortalecer sua base de apoio, promovendo aliados leais e removendo opositores silenciosamente. Cada movimento era calculado, cada aliança cuidadosamente construída.

— Chefe, a gente precisa manter esses deputados na linha. Se alguém sair do trilho, corta na raiz — aconselhou Simba, acendendo um cigarro. — Não dá pra vacilar agora.

Ao mesmo tempo, Mão Leve investia pesado em projetos sociais e infraestrutura, ganhando o apoio do povo e garantindo que suas promessas de campanha fossem cumpridas. Mas os inimigos não desistiam facilmente.

— Essa porra de oposição não vai sossegar enquanto não ferrar a gente — resmungou Mão Leve durante uma reunião. — Precisamos estar um passo à frente.

A conspiração contra Mão Leve se intensificava. Informantes revelaram que um grupo dentro do próprio governo estava planejando um golpe. Simba, com seu humor ácido, não deixava de fazer piadas, mas sua vigilância era constante.

— Parece que temos uns ratos no porão, chefe — disse Simba, com um sorriso sinistro. — Tá na hora de fazer uma limpeza.

Entre os conspiradores estava Augusto Menezes, um influente senador que há muito tempo nutria ambições presidenciais. Ele via em Mão Leve uma ameaça ao seu plano de poder. Aliado a ele estava Clara Valente, uma poderosa empresária do setor de mineração, que via nas políticas ambientais de Mão Leve um entrave aos seus negócios.

Mão Leve decidiu agir antes que o golpe fosse desferido. Ele organizou uma operação para identificar e neutralizar os traidores. Cada movimento era feito com precisão cirúrgica, e cada traidor era tratado sem piedade.

— Não tem espaço pra traidor aqui. Quem vier, vai cair — declarou Mão Leve, com frieza.

A operação foi um sucesso. Mão Leve e Simba conseguiram desmantelar a conspiração antes que ela ganhasse força. Os traidores foram expostos, e muitos foram presos ou exilados.

— Chefe, a casa tá limpa. Pelo menos por enquanto — disse Simba, jogando o cigarro fora. — Esses putos não vão tentar de novo tão cedo.

Mas a vitória tinha um gosto amargo. Mão Leve sabia que a batalha estava longe de terminar. A política era um jogo de poder implacável, e ele precisava estar sempre vigilante.

Enquanto Mão Leve se preparava para enfrentar novos desafios, uma notícia chocante chegou. Um grupo de empresários corruptos, aliados da oposição, estava planejando um ataque direto ao governo. Eles não se contentariam apenas com conspirações silenciosas; estavam prontos para uma ação mais agressiva.

— Parece que a guerra tá longe de acabar, Simba — disse Mão Leve, apertando os punhos. — Vamos ter que jogar pesado dessa vez.

— Sempre prontos, chefe. Vamos mostrar pra esses filhos da puta quem manda aqui — respondeu Simba, com um brilho perigoso nos olhos.

O plano dos empresários incluía sabotagens em infraestrutura crítica e campanhas de desinformação para desestabilizar o governo. Mão Leve sabia que precisava de uma estratégia abrangente para neutralizar essa nova ameaça.

— Vamos mobilizar nossos aliados internacionais e garantir que esses ataques não consigam causar o caos que eles querem — disse Mão Leve em uma reunião de emergência. — Precisamos proteger nossos projetos sociais e continuar ganhando o apoio do povo.

Enquanto trabalhava incansavelmente para manter a estabilidade, Mão Leve também enfrentava desafios em sua vida pessoal. A pressão constante e as ameaças à sua segurança tornaram difícil manter relações próximas. Sua família, preocupada com sua segurança, começou a se afastar.

— Papai, quando você vai poder passar mais tempo com a gente? — perguntou sua filha durante uma rara visita.

Mão Leve sentiu o coração apertar. — Eu estou fazendo isso por vocês, minha querida. Prometo que vou tentar estar mais presente.

A tensão também se refletia em sua relação com Simba. As decisões difíceis e os conflitos constantes testavam a lealdade e a amizade dos dois. Em uma noite de desabafo, Mão Leve expressou suas preocupações.

— Simba, eu tô cansado. Às vezes parece que estamos perdendo o que nos uniu no começo.

Simba, sempre leal, respondeu com seriedade. — Chefe, a luta é difícil, mas a gente tá aqui pra fazer a diferença. Não podemos deixar que esses desgraçados nos derrotem. Estamos juntos até o fim.

Para consolidar seu poder e garantir a continuidade de seus projetos, Mão Leve lançou uma série de iniciativas de impacto social e econômico. Ele sabia que o apoio do povo era sua maior força.

Ele anunciou a criação de um vasto programa de educação gratuita e de qualidade, visando erradicar o analfabetismo e preparar uma nova geração de líderes. Também intensificou os esforços em saúde pública, construindo hospitais e garantindo acesso universal a cuidados médicos.

— O futuro do nosso país depende da educação e da saúde de nosso povo. Vamos garantir que todos tenham as mesmas oportunidades — afirmou Mão Leve em um discurso emocionante.

Os ataques da oposição continuaram, mas Mão Leve e Simba, com seu espírito indomável, enfrentaram cada desafio com coragem e determinação. Eles sabiam que o caminho era árduo, mas estavam dispostos a lutar por um Brasil melhor.

Capítulo 10:
A Sociedade
Transformada

Com o passar dos anos, Mão Leve viu suas políticas transformarem a sociedade de maneira inimaginável. Os programas de saúde, educação e infraestrutura trouxeram uma prosperidade que muitos pensavam ser impossível. Mas, agora, em seu último ano de mandato como presidente, um tom de melancolia permeava seus pensamentos.

Ele caminhava pelos corredores do Palácio do Planalto, relembrando cada batalha, cada vitória, e também cada sacrifício. Ao seu lado, Simba continuava a desempenhar seu papel com seu humor sarcástico, mas havia algo diferente em seu olhar, algo que Mão Leve ainda não havia percebido.

As ruas antes marcadas pela violência agora respiravam paz. Crianças brincavam em parques limpos e seguros, enquanto as famílias desfrutavam de uma qualidade de vida que parecia um sonho distante há alguns anos.

— Chefe, olha só essas molecadas — disse Simba, com um raro sorriso sincero. — Quem diria que a gente ia ver isso acontecer, hein?

— É, Simba. A gente fez uma revolução aqui — respondeu Mão Leve, sentindo um aperto no peito. — Mas às vezes parece que foi só um sonho.

Os projetos de agricultura sustentável garantiram a segurança alimentar do país. Fazendas verticais e sistemas de aquaponia se tornaram comuns, revolucionando a produção de alimentos. A tecnologia agrícola avançada trouxe prosperidade ao campo e à cidade.

— Lembra quando a gente começou com essa ideia de fazenda vertical? — Mão Leve comentou, nostálgico. — Todo mundo achava que era maluquice.

— E não é que funcionou? — Simba respondeu, rindo. — A gente calou a boca de muita gente, chefe.

Enquanto o impacto positivo de suas políticas era evidente, Mão Leve sabia que nem todos os desafios haviam sido superados. A implementação das políticas trouxe prosperidade, mas também expôs vulnerabilidades, como a dependência excessiva de novas tecnologias que, se mal geridas, poderiam criar desigualdades.

A sociedade estava em transformação contínua. A educação de qualidade formou uma geração mais crítica e engajada politicamente. Jovens que antes não viam futuro agora aspiravam a liderar e inovar.

— Nosso trabalho não termina aqui — Mão Leve dizia em discursos. — Vocês, a nova geração, são os guardiões desse futuro. Continuem lutando por um Brasil melhor.

Apesar dos sucessos, Mão Leve não sabia que Simba estava sendo chantageado há meses. Grupos poderosos da oposição, vendo suas tentativas de derrubar Mão Leve fracassarem, decidiram atacar por dentro. Eles descobriram segredos do passado de Simba e usaram essas informações para manipulá-lo.

Simba, fiel até então, começou a sentir a pressão. Ele era constantemente ameaçado, sua vida e a de seu amigo estavam em risco. Mas ele manteve tudo em segredo, temendo que contar a verdade a Mão Leve pudesse destruí-los.

— Chefe, você sabe que eu sempre estive do seu lado, né? — disse Simba, em um raro momento de seriedade.

— Claro, Simba. A gente passou por muita coisa junto. Por que a pergunta?

— Nada não, só... queria que você soubesse disso.

O peso das responsabilidades e das lutas constantes começava a cobrar seu preço em Mão Leve. Ele sentia a solidão do poder, a distância crescente entre ele e aqueles que um dia foram seus aliados mais próximos. Simba, mesmo ao seu lado, parecia estar distante, carregando um fardo invisível.

— Às vezes, parece que quanto mais a gente conquista, mais a gente perde algo — Mão Leve desabafou, olhando para o horizonte.

— O poder faz isso com a gente, chefe. Mas não esquece de uma coisa: você fez mais por esse país do que qualquer um jamais fez — respondeu Simba, com um tom triste.

A situação chegou ao ponto crítico quando Simba foi convocado para uma reunião secreta com os opositores. Eles ofereceram uma saída: se Simba entregasse informações cruciais sobre Mão Leve e o fizesse desistir da reeleição, garantiriam sua segurança e um futuro político.

Simba, entre a espada e a parede, lutava com sua consciência. Trair Mão Leve ia contra tudo que ele acreditava, mas a ameaça à sua vida e à de sua família era real e iminente.

Num encontro solitário, Simba encarou seu próprio reflexo no espelho. Ele lembrava dos tempos em que ele e Mão Leve eram apenas garotos, sobrevivendo nas ruas. Lembrava de como Mão Leve o defendia e o inspirava, mesmo nos momentos mais sombrios.

— Como é que a gente chegou aqui? — Simba murmurou para si mesmo, com lágrimas nos olhos. — Trair meu melhor amigo? Eu sou um lixo...

A decisão estava tomada. Ele sabia que precisava proteger ele e seu melhor amigo, mas ao mesmo tempo, não podia entregar Mão Leve. O conflito interno era insuportável.

Simba decidiu contar a verdade a Mão Leve, mas a oportunidade nunca surgiu. As ameaças se tornaram mais intensas, e ele começou a agir de maneira cada vez mais errática.

— Simba, que porra tá acontecendo com você? — Mão Leve perguntou, irritado. — Você não é mais o mesmo.

— Só tô cansado, chefe. Esse trampo aqui é foda, cê sabe.

Mão Leve não estava convencido. Havia algo errado, mas ele não conseguia descobrir o que era. A tensão entre eles crescia, e a sombra da traição pairava sobre ambos.

No último evento público de seu mandato, Mão Leve foi recebido como um herói. A população estava lá para celebrar suas conquistas, mas a tristeza no olhar de Mão Leve era evidente.

— Este é o fim de uma era — ele disse, com a voz carregada de emoção. — Mas é também o começo de outra. Vocês, o povo, são os verdadeiros heróis desta história.

Ao final do discurso, a multidão começou a clamar por um segundo mandato. "Fica, Mão Leve! Fica!" ecoava por todo o local. Surpreso e emocionado, Mão Leve hesitou, mas a convicção e o amor do povo o convenceram.

— Tá bom, tá bom, vou ficar mais um pouco — ele disse, arrancando aplausos e gritos de alegria.

Nos bastidores, Simba estava em pânico. Ele sabia que falhara em cumprir o acordo com a oposição, que o pressionara a influenciar Mão Leve a desistir de tudo.

— Fodeu, fodeu tudo... — murmurou Simba, tremendo.

Mão Leve, porém, notou o comportamento estranho do amigo e decidiu investigar. Ele descobriu que Simba estava se encontrando às escondidas com os inimigos. Irado e sem entender o contexto, Mão Leve confrontou Simba.

— Como você pôde, Simba? Se encontrando com aqueles filhos da puta pelas minhas costas?

— Chefe, não é o que parece...

— Cê tá demitido, Simba. Some da minha frente antes que eu faça uma merda que eu vá me arrepender!

Simba, derrotado e sem mais palavras, saiu cabisbaixo, deixando Mão Leve com um misto de raiva e decepção.

A revelação da traição e a pressão da oposição colocaram Mão Leve em um estado de alerta. Determinado a limpar o nome e consolidar suas conquistas, ele se preparava para enfrentar uma nova batalha, agora sem seu fiel escudeiro.

Enquanto Mão Leve enfrentava esses desafios finais de seu mandato, ele refletia sobre o impacto duradouro de suas políticas. A educação, a saúde e a sustentabilidade que ele promoveu criaram uma base sólida para o futuro do país.

Mão Leve começou a perceber os impactos profundos de suas políticas em histórias individuais de pessoas cujas vidas foram transformadas. Ele encontrou Carla, uma jovem que, graças às melhorias na educação, conseguiu uma bolsa de estudos e se tornou engenheira. Conheceu Paulo, que se recuperou de uma doença grave em um dos hospitais que ele construiu, e agora trabalha como médico voluntário.

— Eles acham que podem me derrubar? — ele murmurou para si mesmo. — Estão muito enganados.

O legado de Mão Leve, marcado por lutas e vitórias, inspirava uma nova geração a continuar sua missão de justiça social e prosperidade. E embora a trajetória fosse cheia de dificuldades, ele sabia que o verdadeiro poder estava nas mãos do povo.

— Vamos continuar lutando, não importa o que aconteça. O futuro é nosso, e vamos fazer história

— disse Mão Leve, com os olhos brilhando de determinação.

Capítulo 11:
O Despertar da Consciência

Mão Leve estava furioso. A traição de Simba deixou um buraco no peito que parecia impossível de ser preenchido. Mesmo assim, ele sabia que não podia se deixar abater. O povo havia clamado por ele, e ele estava determinado a continuar lutando por um Brasil melhor.

Os desafios do segundo mandato eram muitos, e Mão Leve não estava disposto a recuar. Uma de suas principais bandeiras era o desarmamento e a criminalização do porte irregular de armas. Essa política, no entanto, ia contra os interesses de muitos poderosos. A indústria armamentista, corruptos e inimigos de longa data estavam prontos para derrubá-lo a qualquer custo.

A raiva de Mão Leve se transformava em combustível para continuar sua luta. Ele não podia permitir que o legado de paz e prosperidade que havia construído fosse destruído por aqueles que lucravam com a violência e o caos.

— Esses filhos da puta acham que podem me parar? — murmurava para si mesmo. — Eles vão ver do que sou capaz.

Sem Simba ao seu lado, Mão Leve se sentia vulnerável, mas ao mesmo tempo mais determinado. Ele reforçou sua segurança, cercando-se de novos aliados confiáveis, mas a ausência do amigo era um peso constante.

A política de desarmamento trouxe um confronto direto com a poderosa indústria de armas. Mão Leve sabia que estava mexendo em um vespeiro, mas estava disposto a correr o risco.

— Não vou deixar essa porra de país virar um campo de batalha — dizia ele em discursos inflamados. — Arma nas mãos erradas só traz morte e destruição.

A oposição se uniu rapidamente contra ele, utilizando todos os recursos disponíveis para desacreditá-lo e barrar suas iniciativas. Campanhas difamatórias, protestos financiados e até tentativas de suborno se tornaram frequentes.

Com a escalada dos conflitos, Mão Leve se tornou um alvo fácil. Sem Simba, ele estava mais exposto do que nunca. Tentativas de assassinato se tornaram uma ameaça constante, e a tensão em seu círculo de segurança aumentava.

— Esses caras não vão parar enquanto eu estiver respirando — disse ele a seus conselheiros mais próximos. — Precisamos redobrar a segurança e continuar lutando.

O clima era de guerra, e Mão Leve sabia que sua vida estava em constante perigo. Ainda assim, ele se recusava a recuar. O desarmamento e a criminalização do porte de armas irregulares eram vitais para garantir a segurança do povo.

A decisão de Mão Leve de enfrentar a indústria armamentista incomodou muitos senhores das armas ao redor do mundo. As pressões internacionais começaram a aumentar, e ele percebeu que a luta não seria fácil.

— Estamos mexendo com interesses poderosos — comentou um de seus conselheiros. — Precisamos estar preparados para tudo.

— Não vou recuar — respondeu Mão Leve, firme. — Vamos enfrentar o que vier, custe o que custar.

Em meio ao caos, uma surpresa. Durante uma de suas aparições públicas, Mão Leve foi alvo de um atentado. No último momento, uma figura familiar apareceu para salvar sua vida. Simba, com a mesma destreza e coragem de sempre, defendeu Mão Leve com ferocidade, eliminando a ameaça.

Após a confusão, os dois amigos se encontraram nos bastidores. Mão Leve, com os olhos cheios de lágrimas, finalmente entendeu a extensão da pressão que Simba estava enfrentando.

— Porra, Simba, por que você não me contou? — disse Mão Leve, a voz embargada.

— Desculpa, chefe. Eu tava com medo de te decepcionar. Eles tavam ameaçando nossas vidas, mano!

Mão Leve abraçou o amigo com força, sentindo um peso enorme sair de seus ombros.

— Cê sempre foi meu irmão, Simba. Vamos enfrentar essa merda juntos, como sempre fizemos.

A reconciliação trouxe uma nova força para Mão Leve. Com Simba ao seu lado novamente, ele sabia que poderia enfrentar qualquer coisa. A luta pelo desarmamento continuava, mas agora, com a confiança renovada, estavam prontos para o que viesse.

Com a aproximação do fim de seu segundo mandato, Mão Leve começou a se preparar para a transição de poder. Ele sabia que sua saída precisava ser bem planejada para garantir que seu legado continuasse.

— Precisamos de um sucessor que compartilhe nossa visão e que seja capaz de continuar o trabalho que começamos — disse Mão Leve a sua equipe de confiança.

Ele começou a formar jovens líderes políticos, dando-lhes a oportunidade de aprender e crescer sob sua orientação. Escolas de liderança e programas de mentorias foram criados para garantir que as futuras gerações estivessem preparadas para enfrentar os desafios do país.

— Vocês são o futuro deste país — ele dizia frequentemente a esses jovens líderes. — Continuem lutando por um Brasil justo e próspero.

Entre os jovens líderes estava Júlia, uma jovem advogada que havia se destacado na defesa de direitos humanos e na luta contra a corrupção. Mão Leve via nela a mesma chama de justiça que sempre o guiara.

— Júlia, você tem um potencial enorme. Quero que você continue nosso trabalho e leve adiante a luta por um Brasil melhor — disse Mão Leve, confiante.

— Obrigada, presidente. Prometo honrar seu legado e lutar por um país mais justo — respondeu Júlia, com determinação.

Ao mesmo tempo, Mão Leve decidiu que era hora de reconciliar-se com sua família. As longas horas de trabalho e a constante tensão política haviam afastado seus entes queridos.

— Papai, você estará em casa agora? — perguntou sua filha, esperançosa.

— Sim, querida. Prometo que estarei mais presente — respondeu Mão Leve, abraçando-a.

Enquanto Mão Leve preparava a transição, ele refletia sobre suas conquistas e desafios. Lembrou-se das batalhas travadas e dos sacrifícios feitos, mas também das vitórias alcançadas e das vidas transformadas.

O impacto de suas políticas era visível em histórias como a de Carla, uma jovem que, graças às melhorias na educação, conseguiu uma bolsa de estudos e se tornou engenheira. Conheceu Paulo, que se recuperou de uma doença grave em um dos hospitais que ele construiu, e agora trabalha como médico voluntário.

Essas histórias o motivavam a continuar lutando, mesmo fora do cargo. Ele sabia que o verdadeiro poder estava nas mãos do povo e que a luta por justiça e prosperidade nunca terminava.

Enquanto o último dia de seu mandato se aproximava, Mão Leve fez um discurso emocionante para a nação.

— O futuro do Brasil está nas mãos de cada um de vocês. Continuem lutando, continuem acreditando. Juntos, construímos um país melhor, e juntos, continuaremos essa luta.

Ao final do discurso, a multidão aplaudiu de pé, comovida e inspirada. Mão Leve, com os olhos brilhando de determinação, sentia-se pronto para deixar o cargo, sabendo que seu legado estava seguro nas mãos da nova geração.

E assim, Mão Leve se preparava para a próxima fase de sua vida, confiante de que havia plantado as sementes para um futuro de justiça e prosperidade. Ele sabia que a jornada estava longe de terminar, mas estava preparado para enfrentar os desafios que viriam, sempre ao lado de Simba, seu amigo e aliado fiel.

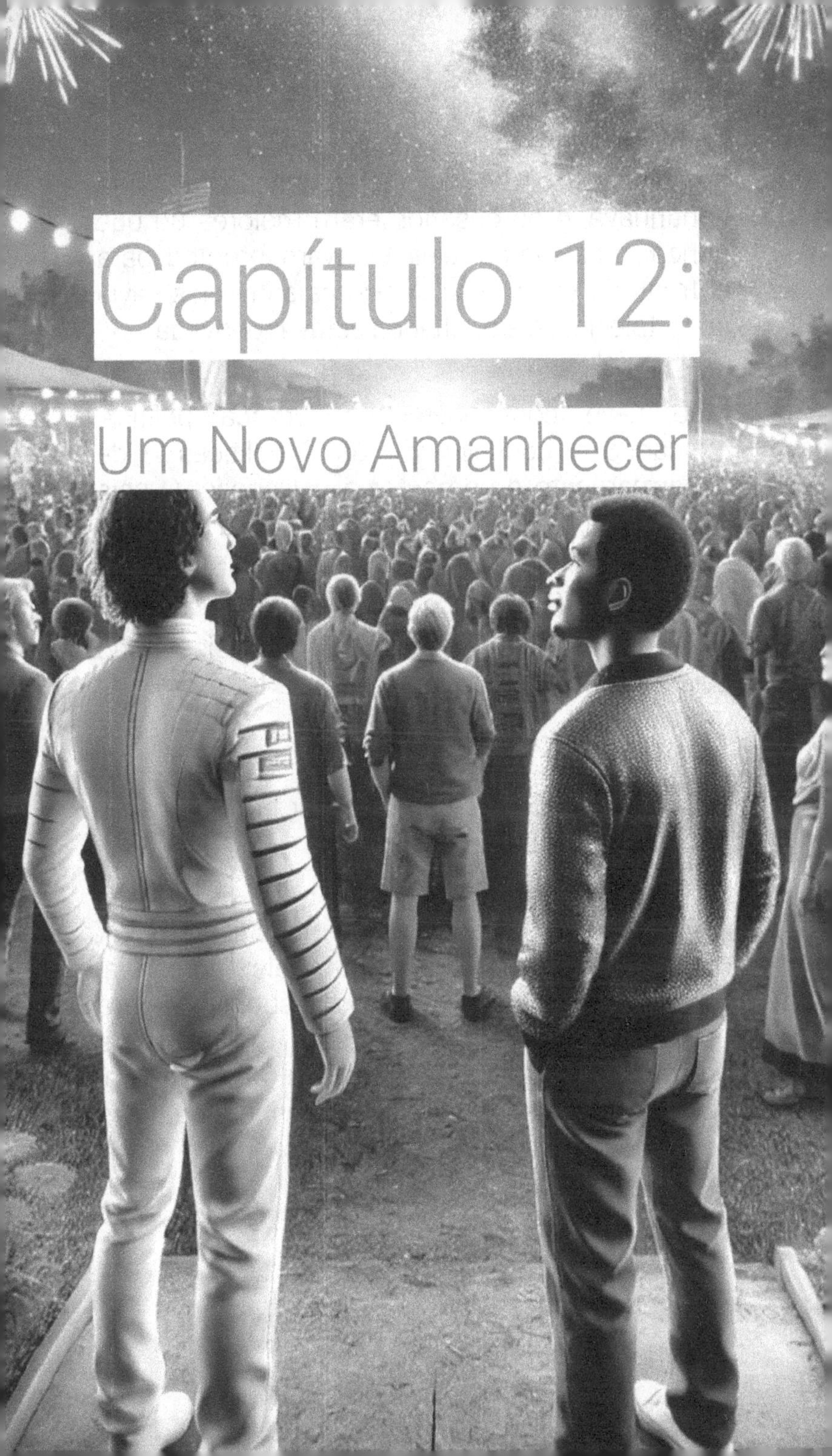
Capítulo 12:
Um Novo Amanhecer

Com Simba de volta ao seu lado, Mão Leve sentiu uma nova onda de determinação. A luta continuava, e os desafios eram maiores do que nunca, mas juntos, eles estavam prontos para enfrentar o que viesse. A aliança entre eles havia se fortalecido, e a confiança estava renovada.

Mão Leve continuava sua jornada política, buscando consolidar as políticas de desarmamento e combater a corrupção. O país estava em uma encruzilhada, e ele sabia que cada decisão poderia determinar o futuro de milhões.

— A gente não pode vacilar, Simba — disse Mão Leve. — Esses caras vão fazer de tudo pra nos derrubar.

— Tô contigo, chefe. Vamos botar pra quebrar — respondeu Simba.

As batalhas políticas se intensificaram. A oposição estava cada vez mais agressiva, utilizando todos os recursos disponíveis para desacreditar Mão Leve e suas políticas. As pressões internacionais também aumentaram, com muitos senhores das armas e potências estrangeiras tentando interferir.

Em um evento público, enquanto Mão Leve discursava sobre as conquistas e os desafios futuros, um disparo ecoou no ar. O caos se instalou imediatamente, e Mão Leve caiu no palco, ferido gravemente.

Simba correu para o lado dele, desesperado.

— Chefe! Não pode ser! Aguenta firme!

Mão Leve, com dificuldade, tentou sorrir.

— Parça... parece que nosso tempo acabou...

A equipe médica chegou rapidamente, mas o ferimento era crítico. Mão Leve foi levado às pressas para o hospital, mas todos sabiam que as chances eram mínimas. Enquanto isso, a notícia se espalhava como um incêndio, causando choque e desespero por todo o país e além.

Nos dias que se seguiram, o país entrou em luto. Milhões de pessoas saíram às ruas para prestar homenagem ao líder que transformou suas vidas. Mão Leve se tornou um mártir, e seu legado foi exaltado em todos os cantos do mundo.

A morte de Mão Leve incendiou uma chama de ira em Simba. Ele estava decidido a vingar a morte do amigo e mentor. Os protestos tomaram conta das ruas, e Simba, liderando a multidão, se tornou um símbolo de resistência.

— Esses filhos da puta vão pagar caro — rugiu Simba. — Eles mataram o chefe, mas não vão matar nosso sonho!

Os protestos se tornaram cada vez mais intensos. Simba, agora um líder carismático da resistência, usava de todas as táticas possíveis para desestabilizar o sistema que ele via como corrupto e opressor.

Simba foi preso durante um confronto violento com a polícia. No tribunal, ele manteve a cabeça erguida, desafiando o sistema que o condenava.

— Estamos lutando por justiça, por igualdade, por um futuro melhor — disse ele em sua defesa. — Não vamos permitir que destruam o que construímos.

Mas o julgamento foi uma farsa. Simba foi condenado e sentenciado a uma longa pena de prisão. A liderança conservadora celebrou a vitória, acreditando ter finalmente erradicado a influência de Mão Leve e seus ideais.

Enquanto Simba estava na prisão, ele refletia sobre tudo o que havia acontecido. A luta, as conquistas, as perdas. E uma verdade amarga se estabeleceu em sua mente.

— Não adianta tentar construir uma nação próspera enquanto houver política, leis e impostos abusivos contra o povo — pensava Simba. — A lei, que deveria proteger a todos, só pune os pobres. Os ricos e poderosos continuam impunes, protegidos por um sistema judiciário podre.

A realidade era clara: enquanto o sistema continuasse a favorecer os poderosos, qualquer tentativa de mudança real seria sufocada. Simba, agora mais consciente do que nunca, sabia que a luta pela justiça e igualdade era interminável.

Apesar do encarceramento de Simba, o legado de Mão Leve continuava a influenciar a sociedade. Suas políticas de educação e saúde criaram uma base sólida para um Brasil mais justo. A nova geração, inspirada por suas ideias, começou a se levantar, determinados a continuar a luta por um futuro melhor.

Entre as muitas vidas transformadas pelas políticas de Mão Leve estava a de Ana, uma jovem que cresceu em uma das comunidades mais pobres do país. Graças aos investimentos em educação, Ana conseguiu uma bolsa de estudos e se formou em engenharia ambiental. Hoje, ela trabalha em projetos de sustentabilidade que ajudam a proteger o meio ambiente e a melhorar a qualidade de vida de sua comunidade.

— Se não fosse pelo programa de bolsas, eu nunca teria chegado aqui — disse Ana em uma entrevista. — Mão Leve me deu a chance de sonhar e realizar esses sonhos.

Outra história de transformação é a de João, que, após ser libertado de um sistema prisional que oferecia programas de reabilitação, tornou-se um empresário de sucesso. Ele agora emprega ex-detentos, dando-lhes uma segunda chance na vida.

— Mão Leve acreditava que todos merecem uma segunda chance. Eu sou a prova de que ele estava certo — afirmou João.

À medida que o tempo passava, o impacto duradouro das políticas de Mão Leve se tornou evidente. Sua visão de um Brasil mais justo e igualitário começou a se concretizar, e sua influência continuou a moldar o país.

Os jovens líderes, inspirados por Mão Leve, começaram a assumir posições de poder, determinados a continuar sua missão. A luta por justiça e igualdade, embora cheia de desafios, estava longe de terminar.

Simba, mesmo na prisão, tornou-se um símbolo de resistência e coragem. Suas cartas e mensagens inspiravam aqueles que continuavam a luta nas ruas.

— A luta pela justiça nunca acaba. Continuem lutando por um futuro melhor, não desistam — escreveu Simba em uma de suas cartas.

O legado de Mão Leve e Simba continuou a viver nos corações e nas ações das novas gerações. Juntos, eles plantaram as sementes de um novo amanhecer, um futuro onde a justiça, a igualdade e a esperança floresceriam.

— Vamos continuar lutando, não importa o que aconteça. O futuro é nosso, e vamos fazer história — dizia Mão Leve através da voz do povo, cujas palavras ecoavam através dos tempos.

E assim, o Brasil entrou em uma nova era, guiado pelos ideais e pela coragem daqueles que acreditavam em um mundo melhor. A história de

Mão Leve e Simba é um lembrete de que a verdadeira mudança é possível, mesmo diante das maiores adversidades.